Bibliografische Information der Deutschen Nationalbibliothek:

Die Deutsche Bibliothek verzeichnet diese Publikation in der Deutschen National-
bibliografie; detaillierte bibliografische Daten sind im Internet über http://dnb.d-
nb.de/ abrufbar.

Impressum:

Copyright © 2007 GRIN Verlag, Open Publishing GmbH
Druck und Bindung: Books on Demand GmbH, Norderstedt Germany
ISBN: 9783640505005

Dieses Buch bei GRIN:

http://www.grin.com/de/e-book/141056/analyse-von-e-payment-systemen-am-bei-
spiel-von-payclever

Sven Schmitt

Analyse von E-Payment Systemen am Beispiel von Pay-Clever

GRIN Verlag

GRIN - Your knowledge has value

Der GRIN Verlag publiziert seit 1998 wissenschaftliche Arbeiten von Studenten, Hochschullehrern und anderen Akademikern als eBook und gedrucktes Buch. Die Verlagswebsite www.grin.com ist die ideale Plattform zur Veröffentlichung von Hausarbeiten, Abschlussarbeiten, wissenschaftlichen Aufsätzen, Dissertationen und Fachbüchern.

Besuchen Sie uns im Internet:

http://www.grin.com/

http://www.facebook.com/grincom

http://www.twitter.com/grin_com

**Fachhochschule Frankfurt am Main –
University of Applied Sciences**

Fachbereich 2
Studiengang Wirtschaftsinformatik

Bachelorarbeit

Analyse von E-Payment Systemen
am Beispiel von PayClever

Name: Sven Schmitt

Anmeldedatum: 09.05.2007
Abgabedatum: 11.07.2007

Management Summary

In dieser Bachelorarbeit werden E-Payment Systeme (EPS) anhand von *PayClever* analysiert. *PayClever* ist eine aufladbare Guthabenkarte und kommt in der Commerzbank Arena in Frankfurt am Main zum Einsatz. Die Arbeit beschreibt, warum das System zur Anwendung kommt, wie es funktioniert und welchen betriebswirtschaftlichen Nutzen der Betreiber daraus zieht. Es soll die Frage beantwortet werden, warum der Stadionbetreiber ein eigenes E-Payment System einsetzt.

Zur Lösung der oben genannten Fragen wurden Experteninterviews geführt und ausgewertet. Es wurde eine schriftliche Umfrage initiiert, in der 18 Stadionbetreiber nach der Existenz eines Guthabenkartensystems befragt wurden. Des Weiteren wird zu Analysezwecken ein Stadionbetreiber herangezogen, der sich bewusst gegen ein solches System entschieden hat.

Darüber hinaus werden bestehende E-Payment Systeme wie T-Pay, Click & Buy, Paypal und die Geldkarte als Vergleichsobjekte herangezogen um Unterschiede und Gemeinsamkeiten bezüglich Funktionsweise, Technik, Sicherheit, Kosten, Einsatzgebiete und rechtlicher Aspekte aufzuzeigen.

Inhaltsverzeichnis

Abbildungsverzeichnis

Tabellenverzeichnis

Abkürzungsverzeichnis

ACID	Atomicity, Consistency, Independence, Durability
CRM	Customer Relationship Management
DFB	Deutsche Fußballbund
DFL	Deutsche Fußball-Liga
ELMI	Electronic Money Institution
EPS	E-Payment System
FIFA	Fédération Internationale de Football Association
FSA	Financial Service Authority
OLAP	Online Analytical Processing
PDA	Personal Digital Assistant
RberG	Rechtsberatungsgesetzes
RDG-E	Rechtsdienstleistungsgesetz
RFID	Radio Frequency Identification
SFM	Stadion Frankfurt Management GmbH
SSL	Secure Socket Layer

Vorwort

Die hier vorgestellte Bachelorarbeit ist an der Fachhochschule Frankfurt am Main im Sommersemester 2007 entstanden. Herzlichen Dank an Herrn Prof. Swen Schneider vom Fachbereich 3, der das Thema initiierte und an Herrn Prof. Josef Fink, der sich als Zweitkorrektor zur Verfügung stellte. Ebenfalls danke ich all meinen Kommilitonen, die mir während der Entstehung dieses Werkes beratend zur Seite standen und mich mit Ihren Ideen wesentlich unterstützten.

Das Motiv, welches mich zur Umsetzung des Themas veranlasste war die Affinität zum Fussball, insbesondere zu Eintracht Frankfurt. Als langjähriger Dauerkarteninhaber und Vereinsmitglied habe ich den Wandel des Frankfurter Stadions von der Betonschüssel zur hochmodernen Arena hautnah miterlebt. Grund des Umbaus war die FIFA Fussball-Weltmeisterschaft 2006.

Die Folgen für den Stadiongänger zeigten sich in vielen Neuerungen. Eine davon ist das neue Bezahlsystem *PayClever*, welches hier näher vorgestellt wird. Im Zuge der Recherchearbeit wurden einige interessante Ergebnisse zu Tage gefördert. Ich wünsche dem Leser viel Freude beim Gewinnen neuer Einblicke.

Kelkheim (Taunus) im Juli 2007
Sven Schmitt

1   Grundlagen von E-payment Systemen

1.1   Anforderungen an E-Payment Systeme

1.1.1 Allgemeine Anforderungen

Die allgemeinen Grundanforderungen an ein E-Payment System (EPS, dt. elektronisches Bezahlsystem) werden unter dem Kürzel *ACID* (Atomicity, Consistency, Independence, Durability) zusammengefasst.[1] Dieses Prinzip kennt man auch aus der Welt der Datenbanken.

Es muss zunächst sichergestellt sein, dass eine Transaktion entweder vollständig oder gar nicht abgewickelt wird. Man spricht hier von *Atomarität* (engl. Atomicity). Vor allem bei einer technisch bedingten Unterbrechung der Transaktion ist diese Anforderung von Bedeutung, beispielsweise bei Serverausfall.[2]

Hinter dem Begriff *Konsistenz* (engl. Consistency) verbirgt sich die Idee, dass alle an der Transaktion beteiligten Parteien über dieselben Informationen bezüglich der betreffenden Transaktion verfügen sollen (z.B. die Höhe des Betrags). Konsistenz setzt *Integrität* (s. u.) voraus, d.h. es dürfen keine Manipulationen bei der Übermittlung möglich sein.[3] So darf es nicht möglich sein, das Dritte eine Transaktion zu ihren Gunsten verändern können. In diesem Fall spricht man in der Kryptologie von sog. „Man-in-the-middle" Angriffen.

Darüber hinaus sollen die unterschiedlichen Zahlungen sich nicht gegenseitig beeinflussen – sie müssen ihre *Unabhängigkeit* bewahren (engl. Independence). Vor allem darf die Reihenfolge der Transaktionen keine Rolle spielen.[4]

Falls ein Hardware-Defekt auftritt, muss es zusätzlich möglich sein den letzten gültigen Systemzustand wieder herzustellen. Gerade bei Syste-

---

[1] Henkel, Joachim: Anforderungen an Zahlungsverfahren im E-Commerce, in: E-Commerce und E-Payment – Rahmenbedingungen, Infrastruktur, Perspektiven; Wiesbaden: Gabler 2001, S. 106

[2] Henkel, Joachim: Anforderungen an Zahlungsverfahren im E-Commerce, a.a.O., S. 106

[3] Henkel, Joachim: Anforderungen an Zahlungsverfahren im E-Commerce, a.a.O., S. 106

[4] Henkel, Joachim: Anforderungen an Zahlungsverfahren im E-Commerce, a.a.O., S. 106

men, die auf gespeicherten elektronischen Geldeinheiten basieren, ist die Forderung nach *Dauerhaftigkeit* (engl. Durability) besonders wichtig.

Abgesehen von der Erfüllung der ACID-Eigenschaften, welche die Transaktionen gewährleisten sollen[5], muss auch die Transaktionssicherheit bei einem EPS vorhanden sein.[6]

Sicherheit wird häufig als wichtigste Anforderung betrachtet, da z.B. die Übermittlung von Kundendaten zum sensibelsten Bereich im E-Commerce zählt.[7] Zahlungen, die über EPS getätigt werden, sollten mindestens genauso sicher sein wie Zahlungen auf konventionellem Wege.

Die folgenden Sicherheitsanforderungen beziehen sich sowohl auf die elektronische Speicherung bzw. Bereitstellung von Geld sowie auf dessen Übertragung. Ein sicheres Zahlungssystem zeichnet sich dadurch aus, dass es die in Abbildung 1 aufgeführten Schutzziele berücksichtigt:[8]

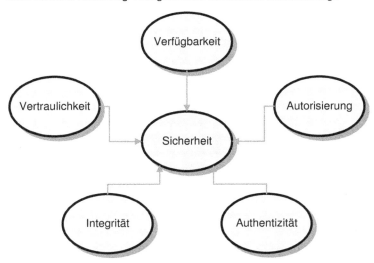

Abbildung 1: Dimensionen von Sicherheit eines E-Payment Systems

---

[5] Reichenbach, Martin: Individuelle Risikohandhabung elektronischer Zahlungssysteme – Nutzerorientierte Abwicklung von Internet-Zahlungen, Wiesbaden: Deutscher Universitätsverlag 2001, S. 65

[6] Schwickert, Axel C.; Franke, Thomas: Electronic-Payment-Systeme im Internet, in: Arbeitspapiere WI, 8/1996, URL: http://wiwi.uni-giessen.de/dl/showfile/Schwickert/1120/Apap_WI_1996_08.pdf, S.6

[7] Wirtz, Bernd W.: Electronic Business, 2., vollst. überarb. und erw. Auflage, Wiesbaden: Gabler 2001, S. 615

[8] Riffer, Veit; Wicke, Guntram: Sichere Zahlungssysteme im Electronic Commerce, in WiSt, 8/1998, S. 416

1.2   Arten von E-Payment Systemen

1.2.1   Systematisierung nach Art des Zahlungszeitpunktes

EPS lassen sich aus verschiedenen Blickwinkeln betrachten. Anhand des Zeitpunkts, zu dem das Konto des Kunden belastet wird, können Zahlungssysteme in Prepaid-, Pay-Now- und Pay-Later-Systeme unterschieden werden[9] (vgl. Abbildung 2).

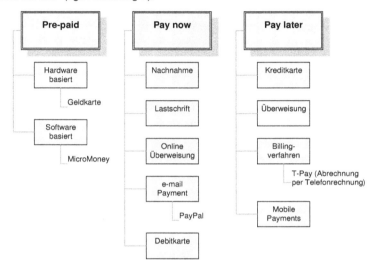

Abbildung 2: Systematisierung von E-Payment Systemen nach Art des Zahlungszeitpunktes

Prepaid-Systeme setzen vor der Ausführung einer Zahlung voraus, dass der Kunde ein Guthaben auf ein Zahlungsmedium, z.B. eine Chipkarte, eingezahlt hat. Der Kunde erwirbt somit eine Art Gutscheinbetrag, der ihn dazu berechtigt Güter und Dienstleistungen zu einem späteren Zeitpunkt erwerben zu können (vgl. 1.3.4). Für den Kunden ist die Durchführung anonymer Zahlungen von Vorteil. Nachteilig ist es hingegen für diesen, dass unter Umständen ein Zinsverlust entsteht.[10]

---

[9] Stroborn, Karsten; Heitmann, Annika; Leibold, Kay; Frank, Gerda: Internet payments in Germany: a classificatory framework and empirical evidence, in: Journal of Business Research, 12/2004, S. 1432

[10] Kraus, Boris; Thome, Rainer: Zahlungssysteme im Internet, in: Electronic Commerce – Anwendungsbereiche und Potentiale der digitalen Geschäftsabwicklung, Hrsg: Thome, Reiner; Schninzer, Heiko, 2. Aufl., München: Vahlen 2000, S. 132

Pay-Now-Systeme zeichnen sich dadurch aus, dass die Belastung des Kundenkontos exakt zum Zeitpunkt des Kaufs stattfindet (vgl. 1.3.3). [11] Im Gegensatz zu Prepaid-Systemen ist hier keine Zwischenlagerung bzw. Speicherung des Geldes z.B. auf Konten oder Chipkarten notwenig. [12]

Bei Pay-Later-Systemen ist die Belastung des Kundenkontos zeitlich nachgelagert (vgl. 1.3.1). Für Kunden liegt damit ein vom Verkäufer finanzierter Kredit vor. [13]

1.2.2 Systematisierung nach Höhe des Zahlungsbetrags

Teilt man EPS nach der Höhe des Zahlungsbetrags ein, lassen sich Micropayment- und Macropayment-Systeme unterscheiden. Micropayment-Systeme sind in der Lage Zahlungen von geringer Höhe effizient abzuwickeln. Macropayment-Systeme eignen sich hingegen für Zahlungsvorgänge bei höherwertigen Gütern. Die Grenze zwischen beiden Systemen ist in der Literatur nicht einheitlich definiert. Eine häufig gewählte Grenze liegt bei 5 EUR (vgl. Abbildung 3: Systematisierung von E-Payment Systemen nach Höhe des Zahlungsbetrags). [14]

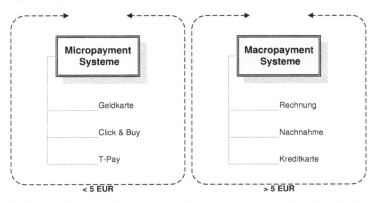

Abbildung 3: Systematisierung von E-Payment Systemen nach Höhe des Zahlungsbetrags

[11] Stroborn, Karsten; Heitmann, Annika; Leibold, Kay; Frank, Gerda: Internet payments in Germany: a classificatory framework and empirical evidence, a.a.O., S. 1432

[12] Stroborn, Karsten; Heitmann, Annika; Leibold, Kay; Frank, Gerda: Internet payments in Germany: a classificatory framework and empirical evidence, a.a.O., S. 10

[13] Reichenbach, Martin: Individuelle Risikohandhabung elektronischer Zahlungssysteme – Nutzerorientierte Abwicklung von Internet-Zahlungen, Wiesbaden: Deutscher Universitätsverlag 2001, S. 65

[14] Dannenberg, Marius; Ulrich, Anja: E-Payment und E-Billing – Elektronische Bezahlsysteme für Mobilfunk und Internet, Wiesbaden: Gabler 2004, S. 34

Bei der Zuordnung bestehender Zahlungssysteme besteht weitgehend Einigkeit. Üblicherweise werden Geldkarte, Click & Buy und T-Pay zu den Micropayment-Systemen gezählt. Durch Aufsummieren der Zahlbeträge lassen sich die Transaktionskosten pro Zahlung niedrig halten. Die traditionellen Zahlungsarten wie Rechnung oder Nachnahme sowie Kreditkarten-Zahlungen kommen dagegen im Macropayment-Bereich zur Anwendung.[15]

1.3   E-Payment Systeme im Vergleich

Im Folgenden werden verschiedene E-Payment Systeme vorgestellt. Im Vergleich stehen T-Pay von T-Com, Click & Buy von Firstgate, PayPal von eBay und die Geldkarte. Diese E-Payment Systeme erfreuen sich in Deutschland wachsender Beliebtheit.

1.3.1 T-Pay von T-Com

Der Ursprung von T-Pay liegt in einem Projekt der deutschen Telekom aus dem Jahr 2001. Es soll hierbei möglich sein Beträge über die Telekomrechnung zu begleichen, per Guthabenkarte zu bezahlen oder alternativ das Lastschrift-Verfahren oder die Kreditkarte zu benutzen.[16] Mit T-Pay ist es möglich Einkäufe im Internet zu bezahlen.

1.3.1.1 Funktionsweise von T-Pay

Besteht der Wunsch kleinere Beträge anonym und ohne Anmeldung zu bezahlen, kann in einem T-Punkt die Guthabenkarte „MicroMoney" gekauft werden. Diese Karte ist zu 15, 30 und 50 EUR erhältlich und enthält eine verdeckte Nummer, die vom Kunden frei gerubbelt werden muss. Mit dieser Nummer besteht die Möglichkeit ohne vorherige Anmeldung und anonym online zu bezahlen. Von Vorteil für den Internet-Händler ist der garantierte Geldeingang.[17]

Die wichtigste Bezahlvariante von T-Pay ist die Abrechnung über die Telekomrechnung. Kunden, die über einen Festnetz-Anschluss bei T-Com verfügen und am Lastschriftverfahren teilnehmen, können dieses Verfah-

---

[15] Dannenberg, Marius; Ulrich, Anja: E-Payment und E-Billing – Elektronische Bezahlsysteme für Mobilfunk und Internet, a.a.O., S. 12

[16] Lammer, Thomas: Handbuch E-money, E-payment & M-payment, Physica-Verlag, Heidelberg 2006, Seite 185

[17] J. Pöschl und A. Hübner in: Handbuch E-money, E-payment & M-payment, Physica-Verlag, Heidelberg 2006, Seite 187

ren nutzen. Die Kaufsumme wird dabei mit der monatlichen Telekomrechnung abgebucht und dem Händler gut geschrieben. [18]

1.3.1.2 Rechtliche Aspekte

Der Kaufvertrag für die Ware bzw. Inhalt kommt direkt zwischen Händler und Kunde zustande.

Wie bereits erwähnt, ist die Zahlung per Telekomrechnung die bevorzugte Bezahlmethode von T-Pay. Der Händler beauftragt T-Com die Beträge auf der Telefonrechnung auszuweisen und die Zahlungen entgegenzunehmen. Im Unterschied zu anderen Zahlungssystemen tritt T-Pay weder als Wiederverkäufer der Ware auf (engl. Reselling) noch kauft T-Pay die Forderungen des Händlers auf (engl. Factoring). Das Ausfallrisiko trägt der Händler. Die Zahlung der Telekomrechnung sowie die Ausschüttung an den Händler erfolgt über die bekannten Zahlungsverkehrsysteme der Banken, per Lastschrift oder Überweisung. [19]

Die Guthabenkarte MicroMoney stellt eine Besonderheit dar. Der frei zu rubbelnde Code auf der Karte ist einem Konto zugeordnet und der Wert auf der Karte ist formal gesehen mit Geld gleichzusetzen. Deshalb liegt die Konto- bzw. Guthabenführung im Aufgabenbereich einer Bank. Herausgeber der MicroMoney Karte ist die Postbank. [20]

1.3.1.3 Technik

T-Pay übernimmt die Funktion eines Payment-Servers, indem es zur Verfügung stehende Bezahlsysteme bündelt. Ein Anbieter im Internet, der seine Zahlungstransaktionen durchführen lässt, benötigt eine Schnittstelle zu T-Pay um seinen Kunden sämtliche T-Pay Bezahlvarianten zu ermöglichen.[21]

1.3.1.4 Sicherheit

Die Kundendaten werden verschlüsselt über eine 128 Bit – Secure Socket Layer (SSL) Verbindung übertragen, damit unbefugte Personen keinen Zugang zu persönlichen Informationen erhalten. Darüber hinaus schickt T-

---

[18] J. Pöschl und A. Hübner in Handbuch E-money, E-payment & M-payment, Physica-Verlag, Heidelberg 2006, Seite 187

[19] J. Pöschl und A. Hübner in: Handbuch E-money, E-payment & M-payment, Physica-Verlag, Heidelberg 2006, Seite 190

[20] Dannenberg, Marius; Ulrich, Anja: E-payment und E-billing: Elektronische Bezahlsysteme für Mobilfunk und Internet, Gabler Verlag Wiesbaden, 2004, Seite 164

[21] J. Pöschl und A. Hübner in: Handbuch E-money, E-payment & M-payment, Physica-Verlag, Heidelberg 2006, Seite 191

Com nach der Anmeldung einen Freischaltcode zu. Wer T-Pay zum ersten Mal nutzt und noch nicht über den Freischaltcode verfügt, kann Waren nur bis zu einer bestimmten Höhe einkaufen. Die Authentifizierung der Käufer findet über die Telekomsysteme statt. Die Daten des Käufers bleiben gegenüber dem Händler jedoch anonym. Nichtzahler werden von T-Pay gesperrt.[22] Entsperrung erfolgt erst nach Zahlung.

1.3.1.5 Einsatzgebiete

In Abbildung 4 werden die verschiedenen Variationen von T-Pay in einem kartesischen Koordinatensystem dargestellt. Man kann erkennen in welchen Bereichen bestimmte Zahlungsmethoden präferiert werden.

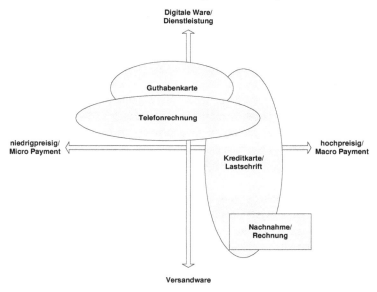

Abbildung 4: Einsatzgebiete der Zahlverfahren abhängig von Betragshöhe und Warenwert

T-Pay findet Anwendung bei Spielen und Musik, Datenbank-Recherchen, Autobewertungen bis hin zu Ticketing oder Online-Partnersuchen. Die ra-

---

[22] J. Pöschl und A. Hübner in: Handbuch E-money, E-payment & M-payment, Physica-Verlag, Heidelberg 2006, Seite 193

sche Ausbreitung von Breitbandanschlüssen erweitert das Feld um Online-Video oder Streaming Angebote.[23]

1.3.1.6   Kosten

Internet-Anbieter zahlen für den Abrechnungsservice von T-Pay im Schnitt zwischen 11 bis 16 % des Marktpreises ihrer Angebote. Für die Zahlungsvariante per Lastschrift und Kreditkarte werden zur Zeit 1% des Warenwertes erhoben.[24]

1.3.2 Click & Buy von Firstgate

Click & Buy ist eine digitale Handelsplattform im Internet und wurde von der Firma Firstgate AG entwickelt. Sie basiert auf der Aggregierung von Micro-Payments. Um eine Transaktion durchzuführen, hat sich der Nutzer vor der Erstnutzung einmalig zu registrieren. Dabei muss er eine Reihe von persönlichen Angaben machen wie z.b. Adresse, E-Mail und Zahlungsmittel. Letzteres sind Bankverbindung, Kreditkarte oder Telefonrechnung.

1.3.2.1   Funktionsweise

Nach Abschluss des Registrierungsprozesses kann der Nutzer bei allen Anbietern kostenpflichtigen Inhalt kaufen, wenn dieser „Click & Buy" als Zahlungsmittel nutzt. Die Beträge der einzelnen Einkäufe werden summiert und monatlich dem Käufer belastet bzw. dem Anbieter ausgeschüttet. Neben der Abrechnung verwaltet Click & Buy auch den Zugriff und die Auslieferung kostenpflichtiger Inhalte.[25]

Befindet sich ein Nutzer auf der Internetseite eines Anbieters und klickt auf ein kostenpflichtiges Angebot, so wird eine Verbindung zum „Click & Buy" Server hergestellt. Nun kann sich der Nutzer durch Eingabe seines Benutzernamen und Passworts identifizieren bzw. neu registrieren. Nach erfolgreicher Verifizierung werden die digitalen Inhalte von „Click & Buy" ausgeliefert. Dieser Vorgang wird gespeichert, damit der Nutzer bei einem erneuten Abruf des Angebots innerhalb eines vom Anbieter festgelegten Zeitraums nichts bezahlen muss. Innerhalb des Registrierungsprozesses

---

[23] J. Pöschl und A. Hübner in: Handbuch E-money, E-payment & M-payment, Physica-Verlag, Heidelberg 2006, Seite 194

[24] J. Pöschl und A. Hübner in: Handbuch E-money, E-payment & M-payment, Physica-Verlag, Heidelberg 2006, Seite 192

[25] Rüttinger, Stefan: Homepage- Erfolg.: Wie Sie im Internet mehr Geld verdienen, Books on Demand GmbH Norderstedt, 2003 Seite 191

werden die Kundendaten auf Plausibilität geprüft. Monatlich erhält der Nutzer eine Abrechnung über die von ihm getätigten Umsätze. Die Firstgate AG belastet per Bankverbindung, Kreditkarte oder Telefonrechnung und führt abzüglich einer Umsatzprovision die Beträge den einzelnen Anbietern zu. [26]

1.3.2.2 Sicherheit

Wie bereits erwähnt werden innerhalb des Registrierungsprozesses die Kundendaten auf Plausibilität geprüft. Zahlungsausfälle, z.b. durch Weigerung eines Nutzers die Rechnung zu begleichen oder wenn dieser zahlungsunfähig ist, werden durch das interne Forderungsmanagement gehandhabt. [27]

1.3.2.3 Rechtliche Aspekte

Die Firstgate AG zieht Forderungen ihrer Anbieter in deren Namen und Auftrag ein. Für den Einzug fremder Forderungen wird eine behördliche Erlaubnis benötigt. Deshalb ist Firstgate Inhaber einer so genannten Inkassoerlaubnis gemäß Art. 1 § 1 Absatz 1 Ziffer 5 des Rechtsberatungsgesetzes (RberG). Das Rechtsberatungsgesetz soll in naher Zukunft vollständig durch eine neue Regelung – dem Rechtsdienstleistungsgesetz (RDG-E) – ersetzt werden. [28]

Bei diesem Inkasso-Modus ergeben sich schuldrechtliche Beziehungen zwischen dem Anbieter des Zahlungsverfahrens (hier Firstgate), dem Anbieter kostenpflichtiger Inhalte und dem Nutzer: [29]

- Kooperationsvertrag: Der Internet-Anbieter schließt mit der Firstgate AG einen Kooperationsvertrag ab. Firstgate wird von ihm beauftragt, Forderungen, die beim Abruf seiner kostenpflichtigen Inhalte entstanden sind, in seinem Namen und auf seine Rechnung gegen den Nutzer geltend zu machen.

- Nutzungsvertrag: Ein Nutzer der kostenpflichtige Inhalte mit „Click&Buy" bezahlen will, meldet sich bei Firstgate an. Dabei hinterlegt er seine Zahlungsdetails und akzeptiert die Nutzungsbe-

---

[26] P. Barthold und T. Seidel in: Handbuch E-money, E-payment & M-payment, Physica-Verlag Heidelberg, 2006, Seite 210

[27] P. Barthold und T. Seidel in: Handbuch E-money, E-payment & M-payment, Physica-Verlag Heidelberg, 2006, Seite 211

[28] Der Entwurf kann unter http://www.bmj.de/media/archive/894.pdf eingesehen werden

[29] P. Barthold und T. Seidel in: Handbuch E-money, E-payment & M-payment, Physica-Verlag Heidelberg, 2006, Seite 215

dingungen. Danach kann der Nutzer mittels seines Nutzernamen und Passwortes bei allen Anbietern bezahlen, welche „Click&Buy" als Zahlungsmethode anbieten.

* Kaufvertrag/Dienstleistungsvertrag: Der eigentliche Kaufvertrag für die Ware bzw. der Dienstleistungsvertrag für die Inanspruchnahme der Dienstleistung kommt zwischen dem Anbieter und dem Nutzer zustande.

1.3.3 PayPal

1.3.3.1   Funktionsweise

Der Bezahlvorgang wird über die Internetseiten von PayPal durchgeführt. Im ersten Schritt wählt der Nutzer eine PayPal Kontoart (Basiskonto, Premiumkonto oder Businesskonto). Danach erfolgt die Eingabe der persönlichen Kontaktinformationen. Die Angabe eines Bankkontos ist dabei obligatorisch, eine Kreditkarte kann optional angegeben werden. Die Kontoarten definieren sich wie folgt:[30]

* Das Basiskonto ist das Konto für Käufer. Es können Zahlungen an jeden Internetanbieter gesendet werden, der eine E-Mail-Adresse besitzt oder PayPal bei eBay bzw. in seinem Online-Shop als Zahlungsmethode akzeptiert.

* Das Premiumkonto ist auf private Händler zugeschnitten, die Waren online verkaufen. Inhaber eines Premiumkontos können optional Zahlungen per Kreditkarte akzeptieren.

* Das Businesskonto für gewerbliche Online-Unternehmen ermöglicht den Handel unter dem Geschäftsnamen. Es gibt eine Zugriffsverwaltung für Mitarbeiter und es stehen zahlreiche Tools für Auktionen und Händler zur Verfügung.

Um eine Zahlung per PayPal anzuweisen, muss der Käufer lediglich die E-Mail-Adresse des Empfängers kennen bzw. einen PayPal-Link bei eBay oder in einem Online-Shop nutzen. Zahlungen werden dem Empfänger innerhalb von Sekunden gutgeschrieben.

Der Versand von Geld mit PayPal ist immer kostenfrei und kann auf verschiedene Arten erfolgen. Ist ein ausreichendes Guthaben auf dem PayPal-Konto vorhanden, werden die Zahlungen automatisch aus diesem

---

[30] Dannenberg, Marius; Ulrich, Anja: E-payment und E-billing: Elektronische Bezahlsysteme für Mobilfunk und Internet, Gabler Verlag Wiesbaden, 2004, Seite 167

Guthaben gezahlt. Bei der Zahlung per Kreditkarte wird diese mit dem Kaufbetrag belastet. In Deutschland ist es ebenfalls möglich die Zahlung per Lastschriftverfahren abzuwickeln. PayPal bucht den jeweiligen Zahlungsbetrag vom Bankkonto des Käufers ab. Das Lastschriftverfahren wird dabei nur für die Zahlungen angewandt, für die der Käufer auch die Ermächtigung erteilt hat. In jedem Fall wird der Zahlungsbetrag innerhalb von Sekunden dem PayPal-Konto des Verkäufers gutgeschrieben. Die Kontrolle über die jeweilige Zahlungsart liegt jederzeit vollständig beim Kontoinhaber.[31]

Bei einem Zahlungseingang wird der Verkäufer umgehend per E-Mail informiert und der Betrag auf seinem PayPal-Konto gutgeschrieben.

1.3.3.2   Rechtliche Aspekte

In Europa wird PayPal von der PayPal (Europe) Ltd. in London betrieben. PayPal ist ein E-Geld-Institut (ELMI, Electronic Money Institution) und wird von der britischen Finanzaufsichtsbehörde Financial Service Authority (FSA) überwacht. Alle rechtlichen Grundlagen für E-Geld-Institute (ELMIs) sind durch die E-Geld-Richtlinie der Europäischen Union festgelegt. Damit kann PayPal seinen Service damit von Großbritannien aus in allen anderen EU-Ländern auf der Grundlage der FSA-Zulassung betreiben. Die zuständigen Behörden in Deutschland haben die PayPal-Lizenz der FSA anerkannt.[32]

Seit Juni 2007 ist PayPal eine eigenständige Bank mit einer luxemburgischen Banklizenz.[33]

1.3.3.3   Sicherheit

Beim Basiskonto gibt es einen Käuferschutz bis zu 500 EUR ohne Selbstbeteiligung bei eBay Käufen. Das Risiko trägt PayPal. Im Falle einer Beschwerde des Kunden muss der Verkäufer nur den Versand der Ware nachweisen.

Beim Versenden von Geld erfährt der Empfänger lediglich den Namen und die E-Mail-Adresse jedoch keine Bank- oder Kreditkartendaten des Versenders. Die für den Zahlungsvorgang notwendigen Informationen be-

---

[31] F.M. Feller in: Handbuch E-money, E-payment & M-payment, Physica-Verlag Heidelberg, 2006, Seite 241
[32] F.M. Feller in: Handbuch E-money, E-payment & M-payment, Physica-Verlag Heidelberg, 2006, Seite 240
[33] The Inquirer, PayPal ist eine Bank; Abrufdatum: 01.07.07; http://de.theinquirer.net/2007/06/15/paypal_ist_eine_bank.html

schränken sich nur auf die Höhe des zu bezahlenden Betrags, die Währung, in der das Geld beim Empfänger eingehen soll, sowie die E-Mail-Adresse des Empfängers.

1.3.3.4 Einsatzgebiete

Bereits vor der Übernahme von eBay in Deutschland war PayPal ein beliebtes Zahlungsmittel bei amerikanischen eBay Nutzern. Gerade die Geschwindigkeit der Zahlung via PayPal hat zum Erfolg dieser Zahlungsmethode beigetragen.

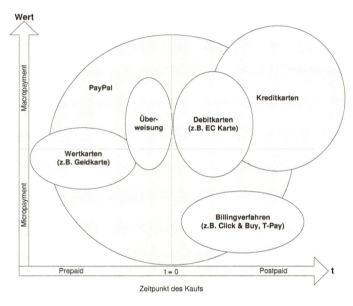

Abbildung 5: Einsatzgebiete von PayPal

Mittlerweile konkurriert das System mit sämtlichen gängigen Zahlungssystemen im Internet (vgl. Abbildung 5: Einsatzgebiete von PayPal). PayPal kann unter anderem für Überweisungen (auch ins Ausland) oder als digitale Rechnung eingesetzt werden.[34] PayPal wird ebenfalls verwendet, um Webprojekte mit Hilfe von Spenden zu finanzieren.

---

[34] Nitschke, Robert; Paypal – Microsoft der Zahlungswelt, Novosec AG 2002; http://www.ak-epayment.de/PDF/AK_ePayment_021205.pdf, Abrufdatum: 14.05.07

1.3.3.5   Kosten

Der Versand von Geld mit PayPal ist kostenfrei. Für Nutzer eines Basis-
kontos ist der Empfang von Zahlungen kostenlos, was allerdings nur bis
zu einem bestimmten monatlichen Limit möglich ist. Es werden jedoch für
Währungsumrechnungen Wechselkursgebühren erhoben. Bei Kreditkar-
ten- und internationalen Zahlungen müssen Premium- und Businesskon-
teninhaber eine Gebühr für den Geldempfang zahlen. Je höher der monat-
liche Gesamtumsatz mit PayPal ist, desto niedriger fällt diese Gebühr
aus.[35]

1.3.4 Geldkarte

Die Geldkarte wurde erstmals 1996 getestet. Laut Volker Koppe von der
EURO Kartensysteme GmbH in Frankfurt waren im Jahre 2004 ca. 60 Mil-
lionen Geldkarten im Umlauf. Der durchschnittliche Ladebetrag betrug
25,30 EUR und der durchschnittliche Bezahlbetrag 2,20 EUR. Seit dem 1.
Januar 2007 dient die Geldkarte als Instrument des Jugendschutzes an
Zigarettenautomaten.[36]

---

[35] Aktuelle Gebührenübersicht ist zu erreichen über den Link „Gebühren" auf
www.paypal.de

[36] V. Koppe in: Handbuch E-money, E-payment & M-payment, Physica-Verlag Heidelberg, 2006, Seite 264

1.3.4.1   Technik und Funktionsweise

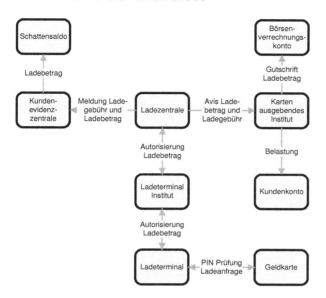

Abbildung 6: Funktionsweise der Geldkarte

Die Geldkarte wird am Geldautomaten oder an dafür vorgesehenen Selbstbedienung-Ladegeräten aufgeladen. Beim Aufladen einer Geldkarte dient das Ladeterminal der Kommunikation zwischen Geldkarte und der zuständigen Ladezentrale, die den Ladevorgang prüft und genehmigt. Gleichzeitig wird der aufgeladene Betrag einem internen Verrechnungskonto des Kartenausgebenden Instituts gutgeschrieben. Außerdem wird die Ladung an die so genannte Evidenzzentrale gemeldet, die den Saldo der betreffenden Kartennummer anpasst (vgl. Abbildung 6: Funktionsweise der Geldkarte).[37]

Beim Bezahlen wird die Geldkarte in ein entsprechendes Händler-Terminal oder in den Kartenschlitz am Automaten geschoben. An der Kasse muss der angezeigte Betrag bestätigt werden, am Automaten entfällt dieser Schritt. Es werden weder PIN noch Unterschrift benötigt. Der Betrag wird sofort vom Guthaben im Chip abgebucht und der so genann-

[37] V. Koppe in: Handbuch E-money, E-payment & M-payment, Physica-Verlag Heidelberg, 2006, Seite 266

ten Händlerkarte – einem kleinen Chip im Kassenterminal bzw. im Automaten – gut geschrieben.[38]

1.3.4.2   Sicherheit

Mit dem so genannten Kassenschnitt schließt der Automat bzw. der Händler die Kasse. Jetzt erzeugt die Händlerkarte aus allen gespeicherten
Transaktionsdaten einen Summensatz, fasst die Einzeltransaktionen zu-
sammen und verschlüsselt sie. Jeder Summensatz wird über eine Identifikationsnummer und eine Sequenznummer eindeutig wiedererkennbar.
Durch die Verrechnung der Umsätze als Summe ist ein Ausspähen ein-
zelner Transaktionen nicht möglich.[39]

1.3.4.3   Kosten

Der Zahlbetrag wird auf die so genannte Händlerkarte gut geschrieben,
die im Kassenterminal bzw. im Automaten steckt. Dies geschieht offline
ohne Anbindung an ein Autorisierungssystem. Somit werden die Transaktionskosten niedrig gehalten.

---

[38]

    http://www.geldkarte.de/_www/de/pub/geldkarte/privatnutzer/geldkarte_im_einsatz/tec
    hnische_hintergruende.php

[39] V. Koppe in: Handbuch E-money, E-payment & M-payment, Physica-Verlag Heidelberg, 2006, Seite 267

2   PayClever

Im Zuge des Stadionneubaus in Frankfurt am Main wurde ein EPS eingeführt. Es trägt den Namen *PayClever* und ermöglicht das bargeldlose Bezahlen im Stadion. Hierzu wird eine Plastikkarte mit integriertem Radio
Frequency Identification (RFID) Transponder benötigt (vgl. 2.1). Diese wird
mit Bargeld, EC- oder Kreditkarte aufgeladen. Beim Warenkauf im Stadion
wird der entsprechende Betrag von der Karte wieder abgebucht.[40]

Herausgeber der Karte ist die Stadion Frankfurt Management GmbH
(SFM). SFM gehört jeweils zu 50% zum Neu-Isenburger Facility Management Unternehmen HSG Technischer Service und zum Hamburger Sport-
rechtevermarkter Sportfive.[41] SFM ist Betreiber der neu gebauten Commerzbank Arena in Frankfurt am Main. An das System ist der Catering-
spezialist Aramark angeschlossen, um den Verkauf von Waren innerhalb
des Stadions zu optimieren.

PayClever ist ein Prepaid-System (vgl. 1.2.1), welches im Micropayment
Bereich angesiedelt ist (vgl 1.2.2).

Das Konzept der Guthabenkarte hat für den Anbieter den Vorteil, dass er
seine Dienstleistungen zur Verfügung stellen kann, ohne dem Kunden
Kredit gewähren zu müssen (siehe Postpaid). Darüber hinaus gibt der
Kunde dem Kartenherausgeber in Form des Guthabens ein zinsloses Darlehen, welches einem Gutschein ähnelt und bei einigen Anbietern bei
Nichtnutzung verfällt. Als Ersatz für Bargeld ermöglichen die Guthabenkarten dem Anbieter, in diesem Falle Aramark, die Handhabung von Münz-
geld einzusparen, den Verkauf somit zu beschleunigen und insbesondere
bei Kaufautomaten auf Münzprüfung und Wechselgeldbevorratung zu ver-
zichten.

Eben aus diesen Gründen haben Guthabenkarten für den Kunden eine
Reihe von Vorteilen. Es gibt kein Wechselgeldproblem und das umständli-
che Zählen von Münzen entfällt.

---

[40] Commerzbank Arena, Frankfurt am Main, so nutzen Sie *PayClever*, URL:
http://www.commerzbank-arena.de/Service/Pay|Clever/So_geht-_s.html Abrufdatum:
24.04.07

[41] Anfragen zu *PayClever*, Eintracht Frankfurt Fan- und Förderabteilung, URL:
http://www.fanabteilung.de/portal/modules.php?op=modload&name=News&file=article
&sid=1148, Abrufdatum: 04.06.07

2.1 Technik

Die *PayClever* Karte kommt ohne sichtbaren Chip oder Magnetstreifen aus. Sie muss zum Lesen nicht in spezielle Lesegeräte eingeführt werden. Die Kommunikation erfolgt via Luftschnittstelle, was auch unter dem Begriff RFID (Radio Frequency Identification) bekannt ist. [42]

RFID-Systeme bestehen grundsätzlich aus zwei Teilen: einem Transponder und einem Lesegerät. Dabei werden Radiowellen zur Kommunikation zwischen den beiden Komponenten genutzt. Die Daten werden kontaktlos und nur auf Abruf übermittelt. [43]

Hierfür befindet sich ein Transponder in der *PayClever* Karte. Das Lesegerät ist stationär in den Verkaufständen bzw. mobil bei den mobilen Verkäufern untergebracht. Bei den Lesegeräten handelt es sich um sog. Industrie-PDAs (personal digital assistant)[44]. Zum Senden und Empfangen besitzen sie jeweils eine Antenne sowie einen Chip, der für die Verarbeitung der Radiosignale zuständig ist (vgl. Abbildung 7: Grundlegende Funktionsweise von RFID-Systemen).

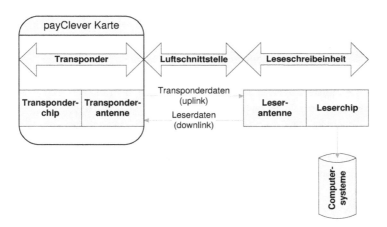

Abbildung 7: Grundlegende Funktionsweise von RFID-Systemen

---

[42] Commerzbank Arena Frankfurt am Main, URL: http://www.commerzbankarena.de/Service/Pay|Clever/Die_Technik.html, Abrufdatum: 30.05.2007

[43] Kern, Christian: Anwendung von RFID-Systemen, 2., verbesserte Auflage, Springer Verlag Heidelberg, 2006, Seite 33

[44] ZD Net, Installation des WM-Netzes in Frankfurt beginnt, http://www.zdnet.de/news/business/0,39023142,39143095,00.htm, Abrufdatum: 07.07.2007

Der Transponder der *PayClever* Karte wird passiv mit Energie versorgt. Durch den Downlink der Leseschreibeinheit wird per Induktion Energie bereitgestellt, die für den Uplink nötig ist. Beim Uplink werden Prozesse wie Guthabenabbuchung und –aufladung durchgeführt. Man spricht hier auch von passiven Systemen. Aktive Systeme besitzen eine eigene Stromversorgung und sind nicht von Induktion abhängig.

Synchronisierung der Daten erfolgt über gesicherte Hotspots von Cisco mit den Serversystemen. [45]

2.2 Funktionsweise

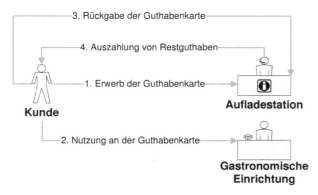

Abbildung 8: Funktionsweise von PayClever

- Zu 1: Zum Erwerb einer *PayClever* Karte begibt sich der Kunde zu einer der mobilen oder stationären Ausgabestellen, welche in der oder um die Commerzbank-Arena liegen. Sie kann zu 5, 10, 20 oder 50 Euro aufgeladen werden. 2 Euro werden pro Karte als Pfand erhoben.

- Zu 2: Die Nutzung der Karte ist an allen Parkplätzen, Kiosken, Ständen oder mobilen Verkäufern im Stadion möglich.

- Zu 3 und 4: Bei Rückgabe der Karte wird der komplette Restbetrag inkl. Pfand zurückerstattet.

---

[45]   ZD   Net,   Installation   des   WM-Netzes   in   Frankfurt   beginnt,
http://www.zdnet.de/news/business/0,39023142,39143095,00.htm,   Abrufdatum:
07.07.2007

Die Karte kann bei Bedarf an den mobilen oder stationären Aufladestationen nachgeladen werden. Die Höchstgrenze liegt bei 150 Euro. Es ist möglich die Karte für den nächsten Besuch aufzubewahren und wieder zu verwenden. Der Gültigkeitszeitraum beträgt 2 Jahre. Danach kann man zwei weitere Jahre das Guthaben umbuchen bzw. sich auszahlen lassen. Nach vier Jahren erlischt der Anspruch völlig. [46]

2.3 Anwendungsgebiete von PayClever

PayClever wird als EPS in der Commerzbank-Arena in Frankfurt am Main verwendet. Hauptnutzer des Stadions waren bisher der Fußball-Bundesligist Eintracht Frankfurt und das American Football Team von Frankfurt Galaxy. Eintracht Frankfurt brachte in der abgelaufenen Saison 2006/2007 über 800.000 Zuschauer ins Stadion. [47] Das bedeutet einen Schnitt von über 47.000 Zuschauern pro Heimspiel. Werden die Zuschauer der Begegnungen im DFB-Pokal und im UEFA-Cup hinzugezählt, summiert sich die Zahl auf über 1.000.000 Besucher. Frankfurt Galaxy hatte in der abgelaufenen NFL Europa Saison 2007 durchschnittlich über 30.000 Besucher. [48]

Trotz der Auflösung der Liga im Juli 2007[49] und dem damit verbundenen Wegfall von Frankfurt Galaxy als Nutzer besitzt *PayClever* ein großes Kundenpotential, nicht zuletzt wegen großen Veranstaltungen wie Konzerte und Kongresse. Für andere Mannschaften aus dem Rhein-Main Gebiet kann die Arena attraktiv sein, wie z.B. für den FSV Mainz 05, der im Jahre 2005 seine UEFA Cup dort austrug. Der ambitionierte Zweitligaaufsteiger SV Wehen Wiesbaden kann dort ggf. seine DFB Pokal Heimspiele austragen.

---

[46] Vgl. Anhang A

[47] Eintracht Stats, Zuschauerstatistiken Eintracht Frankfurt, URL: http://www.eintracht-stats.de/content/stats/zusch.htm, Abrufdatum: 27.05.2007

[48] NFL Europe, Team Stats, URL: http://www.nfleurope.com/teams/stats/FRA, Abrufdatum: 27.05.2007

[49] RP Online, NFL Europa stellt Spielbetrieb ein: , URL: http://www.rp-online.de/public/article/regional/duesseldorf/duesseldorf-stadt/nachrichten/453705, Abrufdatum: 02.07.2007

Laut Herrn Sascha Busse von der SFM GmbH werden pro Veranstaltung 5.000 bis 10.000 Karten genutzt. Wird hierbei vom besten Fall ausgegangen und der oben genannte Zuschauerschnitt von 47.000 zu Grunde gelegt, so ergibt sich ein Nutzungsgrad von knapp 21% (vgl. Abbildung 9).

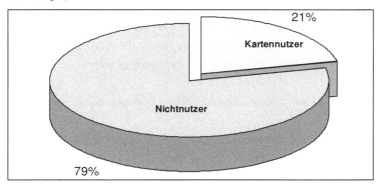

Abbildung 9: Nutzungsgrad von PayClever

Der Nutzungsgrad unterliegt der Prämisse, dass jeder Stadionbesucher nur für sich die Karte nutzt. Inwieweit eine Karte von mehreren Personen benutzt wird, lässt sich nicht feststellen. Zu Beginn der Saison 2005/2006 wurden 10.000 *PayClever* Karten unter den Dauerkarteninhabern von Eintracht Frankfurt verlost, deren Gültigkeit jedoch am 31.07.2007 erlischt.

2.4 Sicherheit

Eine besondere Sicherheitsfunktion bezüglich des Zahlungsvorgangs bei Guthabenkarten ist im Allgemeinen nicht erforderlich. Es werden weder Geheimzahl noch Passwort benötigt, da die Zahlung vor dem Leistungsempfang erfolgt (vgl. Prepaid Systeme in 1.2.1). Der Zahlungsablauf geschieht völlig anonym.

Bei Verlust der *PayClever* Karte wird der darauf gutgeschriebene Wert nicht ersetzt – es verhält sich wie Bargeld. Falls die Karte beschädigt oder defekt ist, kann über die eindeutige Identifikationsnummer der Karte das Guthaben ermittelt und ausgezahlt bzw. umgebucht werden.

2.5   Betriebswirtschaftlicher Nutzen

2.5.1 Effektivitätssteigerung

Die Einführung eines EPS wie *PayClever* wird häufig mit der Aussage gerechtfertigt, dass eine Effektivitätssteigerung von Ablaufprozessen (z.b. beim Warenverkauf) erreicht werden soll. In der Tat zeigten Pilotprojekte mit RFID Karten ein wirtschaftlich relevantes Verbesserungspotential. Nach Angaben des Herstellers von solchen Karten (Firma Giesecke und Devrient, München) stellt sich das Potential sich wie folgt dar: [50]

- Erhöhung der Abrechnungssumme je Transaktion um ca. 10 Prozent
- Beschleunigung des Kassiervorganges im Vergleich zu Bargeld um acht bis zwölf Sekunden
- Erhöhung der Nutzungsfrequenz um 27 Prozent
- Reduktion der Arbeitszeit an der Kasse
- Erhöhung der Zuverlässigkeit beim Kassieren
- Erhöhung der Kundenloyalität und der Kundenzufriedenheit (vgl. 2.6.3)

Beim Betrachten der Effektivität unterscheiden wir zwischen den fest installierten Verkaufseinrichtungen und den mobilen Verkäufern.

Beim Warenverkauf am Kiosk müssen die Mitarbeiter des Cateringunternehmens lediglich den Preis in die Kasse tippen und im Anschluss per Knopfdruck den Warenwert von der Karte abziehen. Des Weiteren sind die Funktionen des Kassierens und die Bereitstellung der Ware personell getrennt. Die Handhabung von Bargeld, das Abzählen und die Bevorratung des Wechselgeldes entfallen. In der Tat erhöht sich so die Geschwindigkeit beim Kassieren. Ebenso sind Fehler beim Abzählen von Wechselgeld nicht mehr möglich. In diesen Punkten zeigen sich die Pilotprojekte als praxisnah.

---

[50] Gillert, Frank; Hansen, W.R., RFID für die Optimierung von Geschäftsprozessen - Prozess-Strukturen, IT-Architekturen, RFID-Infrastruktur, Hanser Verlag München, 2007, Seite 158

Neben den fest installierten Einrichtungen gibt es in der Commerzbank-Arena auch mobile Verkäufer, bei denen ebenfalls ausschließlich mit *PayClever* gezahlt wird. Sie sind mit mobilen Lesegeräten ausgerüstet, um den Bezahlvorgang sicherzustellen. Im Unterschied zu den fest eingerichteten Kiosken gibt es hier keine personelle Trennung zwischen der Bereitstellung der Ware und dem Kassieren. Deshalb muss hier die Effektivitätssteigerung differenzierter betrachtet werden. Zur Veranschaulichung soll ein Zitat von Bernhard Nießen – Leiter des Stadionbetriebs in Mönchengladbach – dienen:

> *Bislang können wir nicht merken, dass es Engpässe im Borussia-Park gibt. Wenn man gut organisiert ist und ausreichend Verkaufsstellen hat, läuft der Verkaufsvorgang problemlos. Die mobilen Verkäufer fangen Spitzenlasten gut auf - wenn die auch noch mit "Handheld-Geräten" kassieren müssten, dauert das eher länger als kürzer.*

Die Praxis zeigt somit, dass mit einer optimierten Organisation beim Abverkauf ebenfalls eine Effektivitätssteigerung zu erreichen ist, ohne das ein EPS nötig wäre.

2.5.2 Analyse von Kundenverhalten

Ein weiterer betriebswirtschaftlicher Nutzen der zur Einführung eines Guthabenkartensystems führt ist die Analyse von Kundenverhalten. Um eine sinnvolle Analyse durchzuführen benötigt man als Grundlage ein Customer Relationship Management (CRM) System. CRM Systeme unterteilen sich in analytische, operative, kommunikative und kollaborative Systeme (vgl. Abbildung 10).

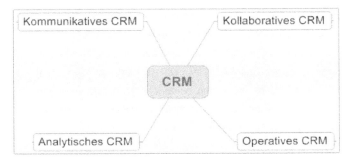

Abbildung 10: Arten von CRM Systemen

Das analytische CRM führt mittels eines Data Warehouse Analysen mit Methoden wie Data-Mining durch. So kann man Eigenschaften, Verhaltensweisen und Wertschöpfungspotenziale von Kunden besser erkennen und einschätzen. [51]

Dem kommunikative CRM werden durch die durch das analytische CRM gewonnene Informationen einer Verwendung zugeführt, wie z.b. für Kundenbewertungen.

Im operativen CRM werden umgekehrt die meisten Daten für die Auswertung im analytischen CRM gewonnen. [52]

Das kollaborative CRM spricht die Schnittstelle zum Kunden an. Durch das kollaborative CRM werden die verschiedenen Kommunikationskanäle für den Kundenkontakt bereitgestellt.

Wichtige Kommunikationskanäle sind:

- Telefon
- Internet
- Post/Schreiben, Fax
- Face-to-Face-Kommunikation (klassisches Direktmarketing)

---

[51] Wilde, Klaus D.; Hippner, Hajo; Grundlagen des CRM: Konzepte und Gestaltung, Seite 49

[52] Wilde, Klaus D.; Hippner, Hajo; Grundlagen des CRM: Konzepte und Gestaltung, Seite 54

Kollaboratives CRM bezieht sich darauf, dass CRM über Organisations-
und Unternehmensgrenzen hinaus umgesetzt wird. Somit bezieht in ein
einheitliches CRM-Konzept z. B. externe Lieferanten, externe
Vertriebskanäle, externe Dienstleister, externe Logistikunternehmen mit
ein. Durch die Optimierung der gesamten Wertschöpfungskette können
die Prozesskosten, der Medieneinsatz sowie die Prozessgeschwindigkeit
optimiert werden.

Klaus Wilde und Hajo Hippner definieren CRM wie folgt:

> *Unter CRM versteht man eine kundenorientierte*
> *Unternehmensausrichtung, die mit Hilfe von moderner*
> *Informationstechnologie versucht, langfristige*
> *Kundenbeziehungen durch Marketing-, Vertriebs- und*
> *Servicekonzepte aufzubauen und zu festigen.* [53]

Ziel von CRM ist die Analyse von Kundenverhalten, Akquisition,
Bestandkundenpflege und Kundenrückgewinnung.

Betreiber von CRM Systemen erwarten sich durch die Verwendungen u.a.
folgende Nutzen:

- hohe Kundentransparenz
- Umsatz und Kosten pro Kunde
- Messung der Kundenloyalität
- Analyse des Kaufverhaltens
- Analyse von Kundenpräferenzen

An *PayClever* ist gegenwärtig noch kein CRM System angeschlossen. Da
PayClever ein anonymes Bezahlsystem ist, lassen sich die theoretischen
Möglichkeiten von CRM nur begrenzt nutzen. Werden die *PayClever*-
Karten beispielsweise mit Dauerkarten gekoppelt, so eröffnet dies einen
genaueren Einblick in das Kaufverhalten der Dauerkarteninhaber von z.B.
Eintracht Frankfurt. So könnte z.B. festgestellt werden zu welchem

---

[53] Wilde, Klaus D.; Hippner, Hajo; Grundlagen des CRM: Konzepte und Gestaltung, Seite 6

Zeitpunkt der Veranstaltung welche Altersgruppe welches Produkt konsumiert (vgl. Abbildung 11).

Einen Versuch der Integration beider Systeme gab es bisher nicht. Grund dafür wurde der hohe technische Aufwand genannt.

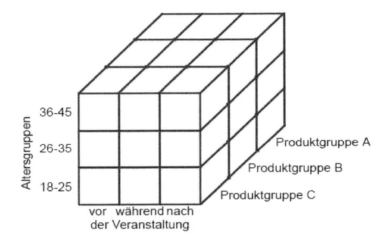

Abbildung 11: Datenwürfel

2.5.3 Zinsloses Darlehen

In der Commerzbank Arena beträgt das Pfand pro Karte 2 EUR. Bisher wurden insgesamt ca. 150.000 Karten ausgegeben[54]. Die Rücklaufquote beträgt 50%[55].

Mit anderen Worten ausgedrückt stehen dem Stadionbetreiber alleine wegen des Kartenpfands 75.000 x 2 EUR = 150.000 EUR zur Verfügung, die er anlegen und verzinsen kann. Leider ist nicht in Erfahrung zu bringen, wie viel EUR im Schnitt pro Karte aufgeladen werden oder wie viel EUR im Schnitt verbraucht werden. Wird der Nutzungsgrad in

---

[54] Vgl. Anlage A
[55] Vgl. Anlage A

Abbildung 9 betrachtet, so liegt das vom Kunden gewährte zinslose Darlehen mit großer Wahrscheinlichkeit um einiges höher.

2.5.4 Garantie des Zahlungseingangs

Einen großen Vorteil ziehen die angeschlossenen Partner aus der Garantie des Zahlungseingangs. Es liegt in der Natur von Prepaid Systemen, dass Zahlungen vor dem Erwerb von Gütern oder Dienstleistungen getätigt werden. Das bedeutet für den Betreiber und dessen Partner den Wegfall einer Vorfinanzierung und eine Erhöhung der Liquidität.

2.6 Kundenperspektive

2.6.1 Bevorzugte Zahlungsmethode

Die Stadien in Frankfurt und Mönchengladbach lassen sich aufgrund ihrer ähnlichen Kapazität und des Umfeldes gut miteinander vergleichen. Im Zuge des Stadionneubaus in Mönchengladbach wurde eine empirische Untersuchung bezüglich der bevorzugten Zahlungsmethode durchgeführt. Es nahmen im Zeitraum vom 14.9.2003 bis 20.10.2003 8618 Personen an der Befragung teil.[56]

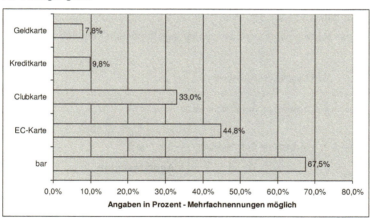

Abbildung 12: Überblick über bevorzugte Zahlungsweise im Borussen-Park in Mönchengladbach

---

[56] Durchgeführt von der Hochschule Niederrhein durch Prof. Dr. A. Syska

Die Untersuchung ergab, dass Stadionbesucher vorzugsweise mit Bargeld zahlen (vgl. Abbildung 12). Grund dafür ist, dass die Klientel zum Teil recht einfach und technisch nicht versiert ist.

2.6.2 Auswärtige Gäste

Für Anhänger des Gastvereins bzw. sporadische Besucher ist die Guthabenkarte eher suboptimal. Sie kommen meistens nur einmal in der Saison ins Stadion und müssen sich gegebenenfalls dem Prozess des Kartenerwerbs und der Kartenrückgabe unterziehen. Dadurch kann der Umsatz im Gästebereich fallen, obwohl gerade Gästefans, bedingt durch lange Anreise und fehlender Alternativen, einen hohen Umsatz generieren.

Je schwieriger die Rückgabe der Karten ist, desto höher fällt der zinslose Kredit aus, den der Kunde dem Stadionbetreiber zur Verfügung stellt. Kunden empfinden so etwas als unseriös.

2.6.3 Kundenzufriedenheit

Die Frage nach der Kundenloyalität bzw. Kundenzufriedenheit stellt sich in der Praxis differenzierter dar. Wie in Punkt 2.2 beschrieben, besteht der Prozess des Kartenerwerbs aus bis zu vier verschiedenen Schritten.

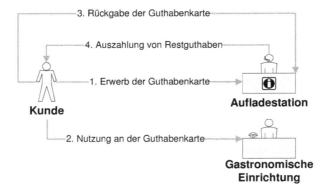

Abbildung 13: Ablauf bei Zahlung mit *PayClever*

Im Vergleich mit der traditionellen Zahlungsmethode Bargeld (vgl. Abbildung 14) erscheint der Ablauf in Abbildung 13 wesentlich komplizierter.

Abbildung 14: Ablauf bei Bargeldzahlung

Dies betrifft vor allem den Erwerb und die Rückgabe der Guthabenkarte, was vor allem bei den auswärtigen Gästen zum Problem wird, da sie nach Ende der Veranstaltung zeitnah abreisen wollen.

Ein weiteres Problem zeigt sich meist dann, wenn die Karte nur sporadisch genutzt wird: Der Kunde weiß nie, wie viel Guthaben noch vorhanden ist. So wird mitunter erst beim Kauf bemerkt, dass das Guthaben auf der Karte nicht ausreicht um den Zahlvorgang erfolgreich abzuschließen. Eine höhere Kundenzufriedenheit ist so nicht zu erreichen.

2.6.4 Einheitliches System

Um zu klären, ob ein einheitliches Kartensystem in der ersten Fussball Bundesliga Sinn macht, gilt es in Erfahrung zu bringen, ob und wie viele Stadien in Deutschland überhaupt ein Guthabenkartensystem implementiert haben bzw. wie viele planen, ein solches System einzuführen.

Eine Vereinheitlichung der Guthabenkartensysteme würde eine Reihe von Vorteilen bringen – so wohl den Stadionbetreibern bzw. Vereinen als auch den Besuchern.

Eine schriftliche Umfrage unter den 18 Fussballbundesligisten ergab, dass gegenwärtig – außer in Frankfurt – auch in Hannover, Gelsenkirchen und

München Guthabenkartensysteme existieren. Tabelle 1 sind sämtliche Städte und deren Stadien inklusive Namen (in Klammern gegenwärtige Sponsorennamen) aufgelistet.

Tabelle 1: Verbreitung von Guthabenkartensystemen

Ort des Stadions	Name des Stadions	Guthabenkarten-system (ja/nein)
Bremen	Weserstadion	Nein
Hamburg	Volksparkstadion (AOL Arena[57])	Nein
Berlin	Olympiastadion	Nein
Cottbus	Stadion der Freundschaft	Nein
Hannover	Niedersachsenstadion (AWD Arena)	Ja
Dortmund	Westfalenstadion (Signal Iduna Park)	Nein
Gelsenkirchen	Arena auf Schalke (Veltins Arena)	Ja
Leverkusen	Ulrich Haberland Stadion (BayArena)	Nein
Mönchengladbach	Borussia-Park	Nein
Frankfurt	Waldstadion (Commerzbank-Arena)	Ja
Stuttgart	Gottlieb-Daimler Stadion	Nein
Nürnberg	Frankenstadion (Easy Credit Stadion)	Nein
München	Allianz-Arena	Ja
Aachen	Aachener Tivoli	Nein
Mainz	Stadion am Bruchweg	Nein
Wolfsburg	Volkswagen-Arena	Nein
Bielefeld	Bielefelder Alm	Nein

---

[57] Ab 04.07.2007 HSH Nordbank Arena; Yahoo News, Hamburger AOL Arena heißt bald HSH Nordbank Arena, http://de.news.yahoo.com/ddp/20070629/ten-hamburger-aol-arena-heisst-bald-hsh-31cb7ee_1.html, Abrufdatum: 05.07.2007

Mittelfristig werden Systeme in Stuttgart und Leverkusen hinzukommen. Langfristig ist nicht auszuschließen, dass sich noch mehr Stadionbetreiber bzw. Vereine zur Einführung solcher Systeme entschließen. Deshalb sollte die Deutsche Fußball-Liga (DFL) bzw. der Deutsche Fußballbund (DFB) langfristig darüber nachdenken, ob die Einführung eines bundesligaweiten Guthabenkartensystems sinnvoll wäre. Für die Kunden ergeben sich dadurch folgende Vorteile:

- einfachere Handhabung
- größere Transparenz durch weniger Karten in der Geldbörse
- kein Rücktausch der Karte nach Veranstaltungsende (wichtig für auswärtige Gäste)
- regelmäßigere Nutzung

Von Nachteil ist natürlich der Wegfall der zinslosen Darlehen durch die Kunden für die einzelnen Stadionbetreiber. Wird die Guthabenkarte an ein CRM-System gekoppelt, hat auch die DFL bzw. der DFB folgende Vorteile:

- verlässliche Umsatzzahlen der Stadien
- schnelle Verfügbarkeit
- Möglichkeit zur Analyse von Kundenverhalten
- Sicherung des Prinzips: „one face to the customer"
- Vermeidung von Redundanzen und Erhöhung der Datenqualität durch Anschluss der Stadienbetreiber an ein zentrales CRM
- Geringere Kosten für die Stadionbetreiber gegenüber der Einführung eines eigenen CRM Systems

2.6.5 Kopplung von Dauerkarten und Guthabenkarten

Eine weitere Möglichkeit zur Steigerung der Akzeptanz ist die Kopplung von Dauerkarten und Guthabenkarten. In beiden steckt die gleiche RFID Technologie. Bei Dauerkarten wird sie allerdings nur zur Kontrolle im Eingangsbereich genutzt. Zur Zeit existieren in der Commerzbank-Arena zwei getrennte Systeme, wie in Abbildung 15 beschrieben.

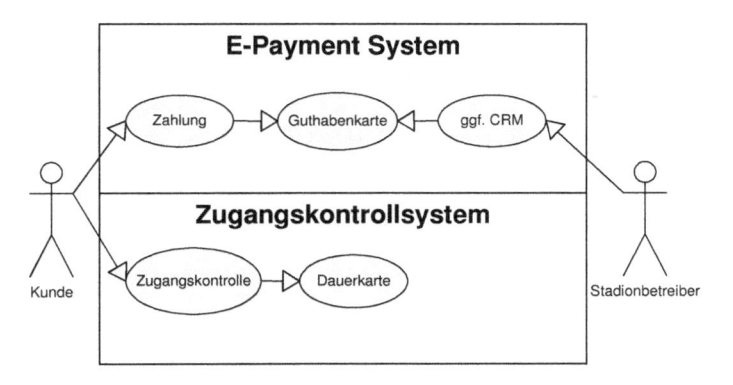

Abbildung 15: gegenwärtige Systeme in der Commerzbank-Arena

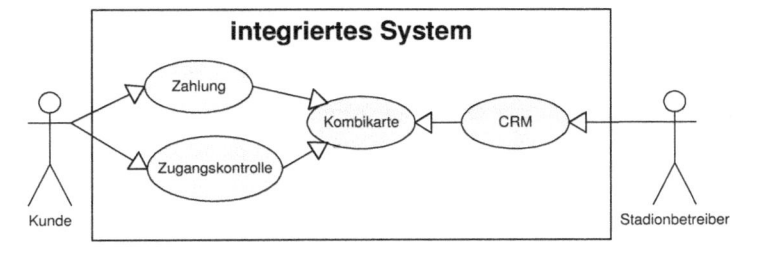

Abbildung 16: integriertes System

Koppelt man beide Systeme, entfällt die Handhabung zweier Chipkarten. So kann beispielsweise die Guthabenkarte nicht mehr zu Hause vergessen werden. Darüber hinaus hat der Betreiber die Möglichkeit, genauere Daten über das Kaufverhalten der Kunden zu erhalten – er könnte sogar das Kaufverhalten jedes einzelnen Dauerkarteninhabers analysieren, soweit persönliche Daten auf dem RFID Chip hinterlegt sind (vgl. Abbildung 16).

3   Zusammenfassung und Ausblick

Mit der hier vorgelegten Bachelorarbeit steht ein Dokument zur Verfügung, das Anforderungen an E-Payment Systeme aufzeigt und einen allgemeinen Überblick über gängige EPS gibt. Darüber hinaus wird das Guthabenkartensystem *PayClever* analysiert. Die Systeme wurden hinsichtlich Technik, Funktionsweise, Sicherheit, Kosten und Einsatzgebiete betrachtet.

PayClever ist ein EPS aus der Commerzbank Arena in Frankfurt am Main, Es gehört den Prepaid- und Mircopayment-Systemen an. Die technologische Grundlage bildet RFID. Der Betreiber verspricht sich Effektivtätssteigerungen, eine höhere Kundenbindung- und zufriedenheit, verlässliche Umsatzzahlen sowie eine Liquiditätssicherung durch den garantierten Zahlungseingang.

PayClever leidet zwei Jahre nach seiner Einführung noch immer an Akzeptanzproblemen. Den Kunden ist meist nicht plausibel, wieso sie nicht mehr mit Bargeld zahlen können und sich dem Prozess des Kartenerwerbs und der Rückgabe unterziehen müssen. Viele halten es für umständlich und lästig, vor allem auswärtige Gäste. Da den Kunden jedoch nichts anderes übrig bleibt, nutzen sie *PayClever*. Vor allem Gäste, die regelmäßig die Commerzbank Arena aufsuchen, versorgen sich in der Nähe des Stadions mit Speisen und Getränken. Laut des allgemeinen Tenors sind diese dort – abgesehen vom günstigeren Preis – auch qualitativ besser.

Die meisten Traditionalisten werden auch weiterhin *PayClever* meiden und ihr Geld den kleinen Gastronomiebetrieben im Umfeld der Arena zukommen lassen.

Literaturverzeichnis

Henkel, Joachim (2001): Anforderungen an Zahlungsverfahren im E-Commerce, in: E-Commerce und E-Payment – Rahmenbedingungen, Infrastruktur, Perspektiven; Gabler-Verlag, Wiesbaden

Reichenbach, Martin (2001): Individuelle Risikohandhabung elektronischer Zahlungssysteme – Nutzerorientierte Abwicklung von Internet-Zahlungen, Deutscher Universitätsverlag, Wiesbaden

Schwickert, Axel C.; Franke, Thomas (1996): Electronic-Payment-Systeme im Internet, in: Arbeitspapiere WI 8/1996, http://wiwi.uni-giessen.de/dl/showfile/Schwickert/1120/Apap_WI_1996_08.pdf (Abrufdatum: 29.05.2007)

Wirtz, Bernd W. (2001): Electronic Business, 2., vollst. überarb. und erw. Auflage, Gabler-Verlag, Wiesbaden

Riffer, Veit; Wicke, Guntram (1998): Sichere Zahlungssysteme im Electronic Commerce, in WiSt, 8/1998

Stroborn, Karsten; Heitmann, Annika; Leibold, Kay; Frank, Gerda: (2004) Internet payments in Germany: a classificatory framework and empirical evidence, in: Journal of Business Research, 12/2004

Kraus, Boris; Thome, Rainer (2003): Zahlungssysteme im Internet, in: Electronic Commerce – Anwendungsbereiche und Potentiale der digitalen Geschäftsabwicklung, 2. Aufl., Vahlen Verlag München

Dannenberg, Marius; Ulrich, Anja (2004): E-Payment und E-Billing – Elektronische Bezahlsysteme für Mobilfunk und Internet, Gabler-Verlag Wiesbaden

Lammer, Thomas (2006): Handbuch E-money, E-payment & M-payment, Physica-Verlag Heidelberg

Rüttinger, Stefan (2003): Homepage- Erfolg.: Wie Sie im Internet mehr Geld verdienen, Books on Demand GmbH Norderstedt

Nitschke, Robert (2002): Paypal – Microsoft der Zahlungswelt, Novosec AG; http://www.ak-epayment.de/PDF/AK_ePayment_021205.pdf (Abrufdatum: 14.05.07)

Commerzbank Arena Frankfurt am Main, so nutzen Sie *PayClever*, Online im Internet: http://www.commerzbank-arena.de/Service/Pay|Clever/So_geht-_s.html (Abrufdatum: 24.04.07)

Eintracht Stats, Zuschauerstatistiken Eintracht Frankfurt, http://www.eintracht-stats.de/content/stats/zusch.htm (Abrufdatum: 27.05.2007)

NFL Europa, Team Stats, http://www.nfleurope.com/teams/stats/FRA (Abrufdatum: 27.05.2007)

Gillert, Frank; Hansen, W.R. (2007): RFID für die Optimierung von Geschäftsprozessen - Prozess-Strukturen, IT-Architekturen, RFID-Infrastruktur, Hanser Verlag München

The Inquirer, PayPal ist eine Bank, http://de.theinquirer.net/2007/06/15/paypal_ist_eine_bank.html (Abrufdatum: 01.07.2007)

RP Online, NFL Europa stellt Spielbetrieb ein, http://www.rp-online.de/public/article/regional/duesseldorf/duesseldorf-stadt/nachrichten/453705 (Abrufdatum: 02.07.2007)

Yahoo News, Hamburger AOL Arena heißt bald HSH Nordbank Arena, http://de.news.yahoo.com/ddp/20070629/ten-hamburger-aol-arena-heisst-bald-hsh-31cb7ee_1.html (Abrufdatum: 05.07.2007)

ZD Net, Installation des WM-Netzes in Frankfurt beginnt, http://www.zdnet.de/news/business/0,39023142,39143095,00.htm (Abrufdatum: 07.07.2007)